46

漫談台灣 ── 通往黎明的路上 Vol.1

1949白色恐怖的濫觴

製作人 張辰漁

編劇 蔡坤霖

繪製 黃駿

田調 陳力航

有一首歌，藏在歷史的傷口中

藍祖蔚（著名影評人）

　　閱讀漫畫之前，建議你先找來「幌馬車之歌」，因為那首歌藏有時空密碼，前輩鍾浩東聽見「目送你的馬車，在馬路上幌來幌去地消失在遙遠的彼方」，會「忍不住想起南部家鄉美麗的田園景色」！後生如你我，一旦聽見手風琴拉奏的樂音，思緒就會被帶領進了 1940 年代。

　　聽歌看漫畫，是因為 1949 年前後的台大學生曾組成麥浪歌詠隊，用唱聲唱出那個時代的嚮往，坐監的學生也曾對著鐵窗唱著團結歌，在那個被強制消聲與禁音的年代中，唱歌言志，成了學生們僅剩的武器，縱然是走上馬場町的最後一曲是那麼無助，然而只要再能聽聞「在充滿回憶的小山上，遙望他國的天空，憶起在夢中消逝的一年，淚水忍不住流了下來」的歌聲，漫畫頓時有了立體空間，你懂了歷史，也懂了他們的青春志節。

　　台史漫畫「漫談台灣」系列第一集《46》是一本既簡單又容易的小書。「簡單」、「容易」與「小」在這裡都是帶有禮讚的價值判斷：「簡單」指的是透過調查員的研究與劇本的撰寫，事件與白色恐怖的背景，一點就透；「容易」則與「小」環環相扣，沉重歷史用漫畫小書的形式，用黑白鮮明的畫風來表述，很快就能讀完，且能讀懂，甚至擲書一嘆！

　　侯孝賢導演《最好的時光》中依序用了〈戀愛夢〉、〈自由夢〉和〈青春夢〉三個標題擦亮了台灣的三個時空與靈魂。台史漫畫「漫談台灣」系列第一集《46》採行的敘事邏輯大抵亦是如此：素樸純真的青春遇上政治黑手，終必蒙塵。1949 年，一群大學生從愛戀展開的浪漫憧憬，歷經追求

自由的挫敗，白色恐怖悄悄罩頂，青春與人生終究都只剩慘白與空白了。

　　星星之火卻釀成燎原之災，確實都是重新審視歷史最讓人不勝唏噓之處：二二八事件源起於私菸取締；一起單純的交通違規，不過就是單車雙載，卻引爆民怨，激出學運，又急轉成四六慘案。漫畫化繁為簡，直指關鍵，這種表達根本就是書寫歷史的直球對決，既想撥開迷霧，就不要再迂迴忸怩了。這也說明了蔡坤霖的劇本，何以會這麼不留情面地點名元兇，用鼠輩嘴臉描述鷹犬爪牙，甚至也用了「神格化」這麼嚴厲的字眼重述涉案師長的選擇。

　　有關二二八事件的視覺圖騰，最知名的作品應屬黃榮燦的木刻版畫《恐怖的檢查──台灣二二八事件》，槍桿子的暴力線條讓受害民眾的扭曲肉身，都凍結在那格版圖上。畫家黃駿採用了木刻版畫的畫風做《46》主視覺，無疑是承繼了這款歷史圖騰的傳統。因為這種畫風，最能銘刻悲情記憶，不論是當事人追憶二二八死難前輩時的憤嗆、灌辣椒水取供的囂張、六張犁亂葬崗的迷惘……在在都讓人悚然心驚。

　　然而，《46》也有細膩柔情。黃駿用細筆畫下古意風味，從老戲台的木椅子，飲冰室的小茶杯、蕃薯籤和豆莢的素描到新公園的樹影餘暉，藝術質感躍然書冊。至於劇本從《亂世佳人》帶出「今晚夜色很美」的時代純情，再以「塵滿面，鬢如霜，相逢應不識」的醫院巧遇做結，透過小人物的缺憾夢碎畫出那個時代的迷惘與失落，苦酒愁緒盡上心頭。

　　事件當事人，有人死在槍下，有人死於悔恨，漫畫的最後一頁是悔恨的靈魂走進了河中，最後一句話白是：「悲傷的歌在風中消散。」其實，消散很難。先要肯面對痛史，知道傷在哪，血才能止，恨才能消。「漫談台灣」的台史系列，除了《46》，還有《中壢事件》、《末代叛亂犯》與《尋找陳篡地》，每一冊同樣註記著斷代傷痛，要先面對，才知道失憶了多少，才知道該如何因應，台灣痛史的探尋才剛起步。

漫談台灣魂

馮光遠（著名作家）

去年，是發生於台大、省立師範學院（台師大改制前身）的「四六事件」七十週年紀念；今年三月開始，張辰漁製作的台灣史漫畫「漫談台灣」就以《46》打頭陣，將陸續推出《民主星火》、《最後的二條一》、《尋找陳篡地》等一系列畫作。

這是一個三十歲出頭的年輕電影人的跨界嘗試，以漫畫的形式，探觸許多攸關台灣民主發展的事件事件為真，人物則在不背離歷史脈絡的原則下，虛構出發生在他們身上的故事，可是最終，還是把我們引入對台灣民主發展的審視。四六事件是台灣戒嚴前的一個重要學生運動，也被認為是後來白色恐怖的濫觴，兩蔣專制時期，台灣人對此案固然噤若寒蟬，就算是李登輝掌舵台灣民主之後，也還要再等了近十年之久，才見台大、師大學生社團投入平反運動，人們方才認識，這個事件在當年，對於正在大學校園內萌芽的民主思潮，有著多大的嚇阻、鎮壓作用。

台灣的創作路上，長久以來向來視政治為畏途，可見白色恐怖與戒嚴體制造成的影響有多大。雖然政治漫畫也許不在此限，可是也多以單幅漫畫為主，而且，質感、洞見兼具的漫畫家長年以來就那麼幾位，所以，當我們看到新生代的創作人如辰漁，能夠以漫畫直搗政治禁忌的黃龍，讓年輕人能夠藉著他們比較熟悉的創作形式，進入於他們而言比較不熟悉的主題如台灣歷史、民主改革等等，不得不說，年輕一代創作者的台灣魂，遠遠超出我們的想像。

自由的微光

楊翠（東華大學華文系教授）

　　1949 年的「四六事件」，許多論述者以白色恐怖的開場事件，來指認它的重要性，我認為，除了時間上的意義之外，這個事件的指標性，更在於它從不同面向，折射出威權統治與白色恐怖的幾個重要歷史切面。

　　從事件的導火線，3 月 20 日的單車雙載、警民衝突、警察施暴來看，這是一則擦槍走火的意外事件，突顯當時警察的蠻橫亂紀。

　　從 4 月 6 日軍警闖入校園，包圍台大與師院的學生宿舍，強行逮捕近兩百名學生的大規模行動來看，這是威權統治當局以民為敵，橫暴介入人民的日常生活，對生命主體的身體、自由、人權強加侵犯的國家暴力。

　　從事件最後的判決結果來看，19 位學生被移送法辦，其中 7 人被槍決，其餘判處各種徒刑，證明威權政府決意以體制的力量，壓制青年的心志。但這不是完整的事件結果，我們必須再從事後師範學院一度被下令停課，學生重新登記，36 名學生被除名，來觀察政治力如何藉機強力介入校園。

　　我們必須拉得再長一點，從 1950 年代以後，黨國體制全面進駐教育現場，黨部、黨社遍布校園，青年的自由被禁制來看，這才是「四六事件」最重要的歷史指標。黨國體制以事件為渠道，長驅直入，接管校園日常，浸透世代青年心魂，至今仍然揮之不去。

　　但是，如果以當年的青年為主體，「四六事件」其實是一則青春銘刻的時代紀事。它當然包含失望與傷痛，如同本書所寫：

當時的年輕人，還不真正知道，什麼叫做恐懼、極權和遺忘。

直到，他們以鮮血和歲月。

為最後的自由時代，覆上落幕的紅幔。

黃昏結束後，從此，是漫長的黑夜。

然而，即使漫漫長夜覆蓋整座島嶼，黨國幽魂並無法真正禁制青春心魂持續發聲，無法壓制他們仰望黎明的強大願力。「四六事件」中的學生，以及那個年代一起為自由發夢的青年，他們的聲音，停泊在歷史中，如微細的一線光，浸透、沃養、等待，終於茁長成我們這個世代的自由之島。

因此，這部漫畫以「人約黃昏後」開場，描繪青年們的青春夢願，接續事件後的漫天風雪與暗黑世界，非常精準到位。這群青年，只是想要戀愛，想要閱讀，想要思考，想要自由飛翔，想要與心中戀慕、志同道合的人一起自由飛翔，這是多麼簡單平凡的生命想望。然而，所有這些想望，都被威權政府指認為「罪名」，都應該要懲罰，要被剝奪自由與生命。

自由的想望被以鮮血封禁，「四六事件」當然是一個悲傷的故事。然而，自由的想望化成一縷縷微光，持續呼吸，持續頑強地呼吸著，40年後，終於換來戒嚴解除，起造初階段的自由島嶼，這是一則陽光敘事。

本書最後，時過半世紀，青年已老，相伴探訪六張犁墓園中當年失去生命的友伴，悲傷似仍縈繞。但青春不老，昔往每一縷自由心志的微光，在漫長的等待之後，都復甦起來，聚光而成今日台灣島嶼的清光朗照。

終究你得回看自己

張辰漁（製作人）

　　2018 年促轉會正式成立，於此同時，隨著社會整體氛圍相對成熟，各種文化領域皆有人以建構台灣主體性爲基礎而行不同面向的討論，世界柔軟團隊此前致力於開發具台灣 DNA、反映社會現況及集體生命經驗爲題材的戲劇、動畫作品。

　　考量到大型製作必然得回應的商業壓力以及推廣台史的必要性和創作上更自由的書寫空間，因始萌生推動漫談台灣計畫的概念。

　　一個國家民族若遭系統化地去除文化脈絡及記憶，除了政治上的思維模式不會緊繫自身的主體性來做長遠規劃，國民也將永無自信，終至落得成爲自己土地上的異鄉人。

　　重建台史識讀工程的實質意義遠超越意識形態的對抗，它應該被解讀成更遼闊的想法，除了是對於歷史不義眞相的追尋，也是爲自己的身份綿爛定根的重要課題。

　　「漫談台灣—通往黎明的路上」台史漫畫系列，將推出四個故事：介紹破壞近代校園自治之始的四六事件：《46》、因選舉舞弊開啓日後街頭運動序幕的中壢事件：《民主星火》、因兩岸關係重新確立而遭羅織的獨台會案:《最後的二條一》以及探討台灣人身份認同課題的陳篡地醫師事件：《尋找陳篡地》。

　　考量多元觀點的集作概念，有別以往漫畫家常兼任作品編劇的製作方法，此作每一故事中的編劇及畫家皆與不同創作者合作，並由畫風定調敘

事方向，既紀實也虛構。

　　我認為國家文化的高度能否建立，端視有無反省、批判之能力。

　　整個華人世界也唯有台灣能有這樣的自由來描繪社會的真實面貌。

　　若能通過耙梳未明的歷史，將集體的失語慢慢補上，台灣社會便更能有基礎去討論何謂更合理的生活方式，而這或許也是文化業者的歷史任務吧。

　　佚失的記憶，找尋台灣身份的路，我們漫漫走。

目録

第一章：人約黃昏後

學長，他連Do Re Mi 都不會啦。

柯景耀

莫攔拖拖沙沙，電影 要開場了，票你自己 拿給她。

我有代誌先來去，
較晚時閣佮你們佇公園會合。

柯景耀君，好久沒見面了，你好像變得有點不一樣

妳……
妳也變了……變得…
較親像大人了。

嘻嘻，他是想要說阿瑛「變較嬌了」吧。

註：相傳夏目漱石曾說，「I love you」不該翻譯成「我愛你」，翻譯成「今晚月色很美」就足夠了。

白色恐怖，伴隨著一道世界上最長的戒嚴令。

成為盤據島嶼揮之不去的黨國幽靈。

它的伊始，卻起源於輕盈的青春，夢碎的時刻。

當時的年輕人，還不真正知道，什麼叫做恐懼、極權和遺忘。

直到，他們以鮮血和歲月。

為最後的自由時代，覆上落幕的紅幔。

黃昏結束後，

從此，是漫長的黑夜。

第二章：如煙往事

我阿爸在我年幼時就過世了，他生前在柯記茶行幫忙，過世後柯家還是十分照顧我。

阿耀、阿君，這是客戶今天送的最中，吃完就去上課。

最中
（もなか）

蕃薯籤粥　　炒豆菜　　滷豬肉（一塊）

柯景耀很聰明，大家對他期待很高，認為他將來會作醫生。也多虧他指導我功課，我中學畢業後才上得了師範學院。

讀嘉中時，我們放學後會去嘉女等陳碧瑛，三人一起回家。

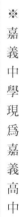
※ 嘉義中學現為嘉義高中。

後來，二二八那陣子，學校停課，大人交待我們不要跑出去，可是……

潘木枝不收窮苦百姓診療金，國民黨軍隊來之後替許多外省士兵義診，是嘉義人人仰望的仁醫。

陳澄波，第一個入選日本帝展的台灣畫家，是嘉義人的驕傲。

陳澄波死後，妻子張捷將他的血衣祕密藏起，留存至今

他們把最了不起的台灣人都殺了。
這些事情不能這樣就過去，要有人
出來伸張正義，我不做醫生了！

第三章：不過就是腳踏車雙載

嗶！

停車，過來！

員警謝延長

你們單車雙載，違規就是違規！下車，跟我來警局一趟。

我們是師院和台大的學生，不巧腳踏車壞了，我只是要載我朋友回宿舍點名。

造反啊？！

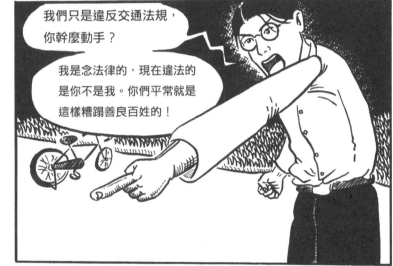

我們只是違反交通法規，你幹麼動手？

我是念法律的，現在違法的是你不是我。你們平常就是這樣糟蹋善良百姓的！

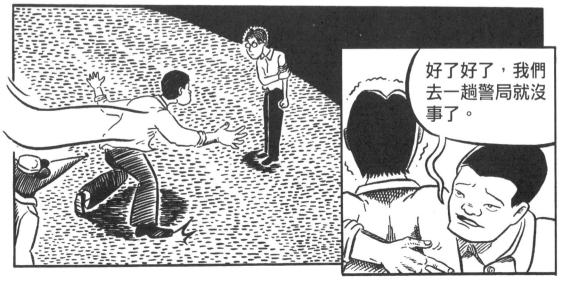

好了好了，我們去一趟警局就沒事了。

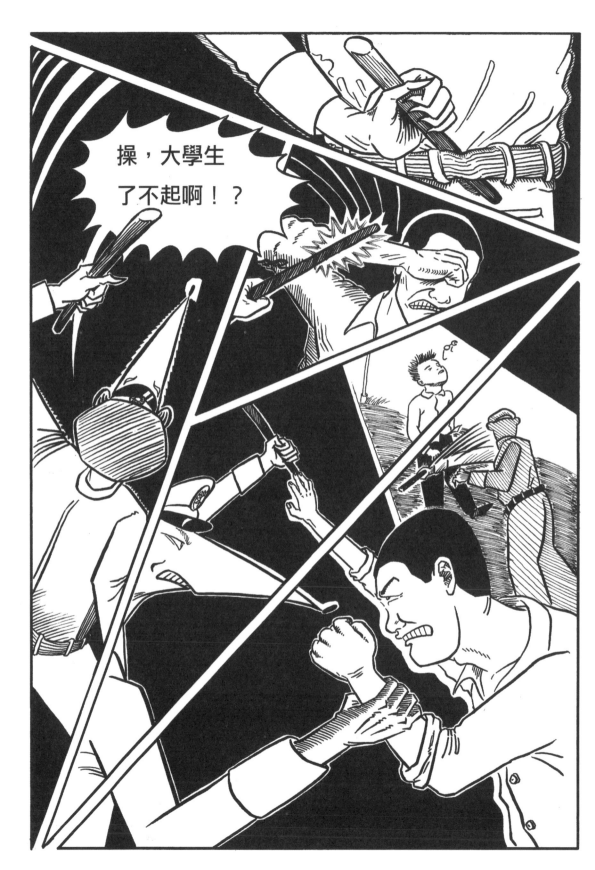

台大宿舍晚點名

柯景耀～

柯～景～耀～～～

有人知道柯景耀在哪裡嗎？

這個學弟，看不出來喔，恬恬呷三碗公，看來是追到小護士了。

隨後，
蔡文樹接獲通報，
得知柯景耀及黎元
君被逮捕，拘留於
第四分局，便自主
擔任召集人，串連
台大、師院學生會
以及麥浪歌詠隊成
員，號召學生包圍
警局。

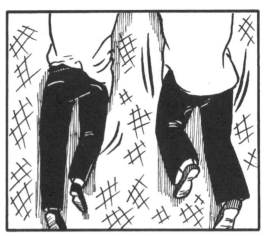

學弟

柯景耀，
柯景耀！

是誰把你
打成這樣的？

賢……賢拜

喂，你……

誰打的？我要求懲處不當行為，
總局長必須出面道歉，並且保證
不會再犯，確保學生安全。

謝延長等兩員已照規定懲處，
兩名學生也已釋放，但是總局
長道歉，這必須向上級請示。
大家都是讀書人…

不要擺官僚作風，
我們要總局長道歉！

這一次，我不會只是
躲在暗處哭泣了。

要公平！要正義！
公開道歉！！

學生們對國民黨心中
累積的憤怒，在此刻
爆發。

他們以為學運將成為
改變的曙光， 但這
卻成為自由的最後餘
暉。

短暫喧囂後，等待他
們的，進入蒼白死寂
的恐怖長夜。

第四章：學運浪潮

麥浪歌詠隊

要公平！

要正義！

要正義！

總局長公開道歉！

要正義！

總局長公開道歉！

總局長
公開道歉！

要正義！

要公平！

要正義！

要公平！

稍晚，督察長龔經筍（ㄙㄥˋ）來到第四分局現場，在分局長陪同下與學生代表談判。

同學，你們今晚先回去吧，現在這個時間，一時也聯絡不上總局長，總不能一直耗下去。明天再去總局和他談。

3月21日
上午八點左右，
台灣大學、師範
學院，以及麥浪
歌詠隊的兩校學
生開始集結，浩
浩蕩蕩地進入市
區，學生們手上
高舉標語，路上
行人有的叫好，
有的投以冷漠的
眼光。

這……
一、二條當然沒有問題，
但是登報、公開保證，
這些我得向上級請示，
等指示下來……

袖 領 忠 效

我們等了一整晚，
現在不等了！
只給你十分鐘！

我……
我簽就是了。

同學們，我們做到了！

學生代表在警局外宣告勝利。
學生們大聲歡呼，開心地離去。

但是，在警局樓上，劉監烈正在和人稱
「高雄屠夫」的彭孟緝通電話。

對，副總司令，
學生們在搞學潮，
他們已經被滲透了。

沒事兒，我會跟總司令報告。
名單呢？記下來了嗎？

是，學生代表
都簽字了。

台大校園

打了一場勝仗後，學校的氣氛像是慶典一般，每天都有遊行，到處是標語和訴求，廣場聚集了很多人，充滿熱情討論著。

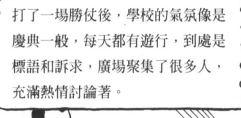

我們夢想，接下來等著我們的，是一個民主自由的美好未來……

陳碧瑛來了。

陳碧瑛關心柯景耀的狀況，來看他的傷勢，三人回到柯的房間換藥。

啊！痛！！

3月29日青年節，我們會辦一場營火晚會，邀請各校的學生一起來，說出我們的訴求。

你多久沒換藥了？有了理想，身體就不顧了嗎？

3月29日

北區大專聯合晚會

深夜，周慎源宣布將於5月4日舉行全省學生大會後，

營火晚會結束，人潮漸漸散去。

第五章：四月六號

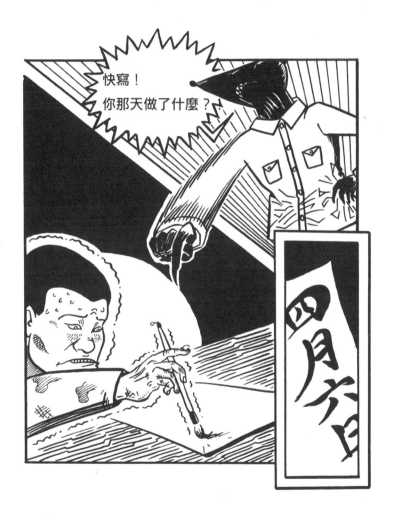

警總的魔爪伸入了校園。

故事的主人翁們即將面臨生命的巨變。

端午我們一起回嘉義吧，陳碧瑛還沒吃過我阿母包的粽。

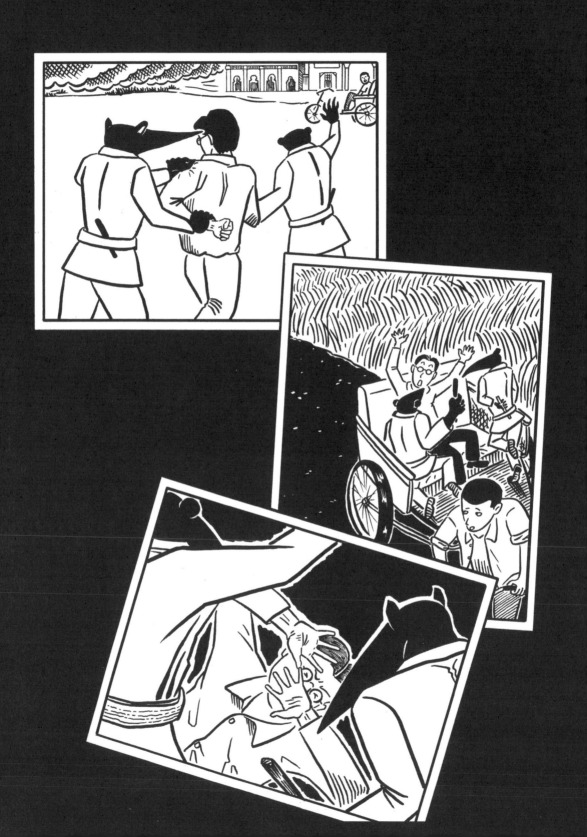

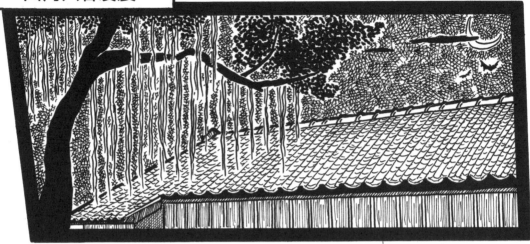

你們不能進校園！
大學自治……

黎元君機警爬上天花板

逃過一劫。

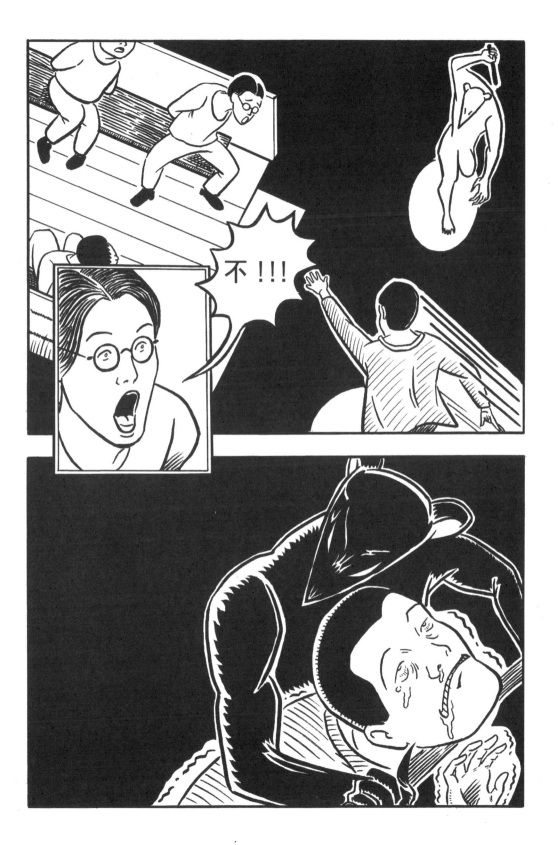

第六章：慘白惡夢

我已經說過了，我們都是自發的，沒有什麼後頭

你以為我不敢對付你啊？你這種人我見多了

你這種人，我也見多了

等等，上頭交待，先不要動粗。

在另一個房間，黎元君正猶豫著要不要簽下自白書。

我知道的都已經招了，3月20號我跟柯景耀⋯⋯

黎元君，你態度良好，我不想為難你。你是好不容易才考上師範學院的吧，要是因為被牽連而失去學籍，不是很可惜嗎？

我會被退學？！

我沒這樣說。
不過，葬送未來是小事……

連累媽媽才是大事。
你再頑抗，我只好請她來一趟。

我阿母沒讀書，這事和她一點關係也沒有。

你，去嘉義把黎張芳春帶來。

對不起，我簽！我簽！

你不怕嗎？

當然會怕。
但是這款代誌，
我們有讀書的人不做，
誰來做？

潘木枝、陳澄波
他們替人出頭了，有用嗎？

不然呢？就這樣算了嗎？
這世界還有公義嗎？

把自己賠進去就是公義嗎？
你繼續出頭、反抗，
只會牽連更多人，然後，
什麼都不會改變。

要是所有人攏惦惦毋出聲，
他們就可以更加亂來了；不
反抗，他們還是想抓誰就抓
誰，社會沒有比較安全啊！

至少我們現在
是平安的啊！

黎元君再也沒有和柯景耀見面，他休學回嘉義市找了份文職的工作，幫忙家計；柯景耀則留在台北，和蔡文樹一起撰寫、發行地下刊物。

每天返家路上，看到柯記茶行，黎元君總是低著頭快步走過。

一日，他看到柯家被軍警包圍，回到家中又遍尋不著媽媽……

順伯，發生什麼代誌，我阿母咧？

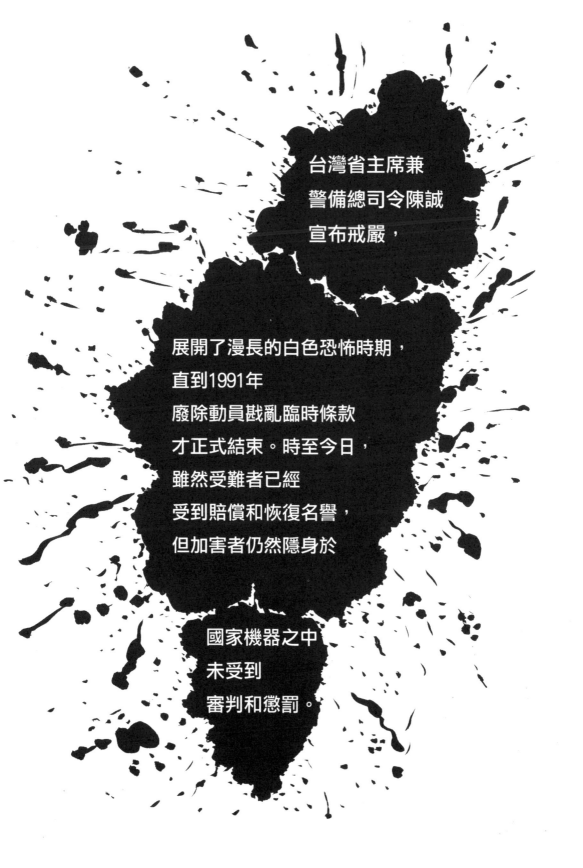

台灣省主席兼
警備總司令陳誠
宣布戒嚴，

展開了漫長的白色恐怖時期，
直到1991年
廢除動員戡亂臨時條款
才正式結束。時至今日，
雖然受難者已經
受到賠償和恢復名譽，
但加害者仍然隱身於

國家機器之中
未受到
審判和懲罰。

第七章：尾聲

陳碧瑛受牽連關了三年，出獄後在醫院任職，終身未婚，沒有回去過嘉義。

學生領袖周慎源在四六大逮捕時逃跑，從此長期逃亡。1952年於桃園被軍警於追捕過程中，當場擊斃。

傅斯年隔年過世，僅待在台大兩年的他被神格化，骨灰葬於台大校園內。

謝東閔後任台灣省政府主席與副總統，曾因郵包炸彈恐怖攻擊左手截肢，是國民黨統治時期獲得高位的台灣人之一。

研究員

編劇

對傅斯年而言，早年主張的自由主義與反共、政治現勢權衡之下，他選擇了讓軍警進入校園。

彭孟緝因積極緝捕台灣人立下功績，為揣摩上意，誇大局勢嚴重性，使許多無辜的人受害，卻為蔣介石重用，從此平步青雲。其子彭蔭剛任職特許產業中航運，2007年刊登廣告歌頌其父鎮壓二二八暴民。

彭蔭剛

陳誠之後陸續任職行政院長、副總統等職位，推動土地改革。他擔任警備總司令時所頒布的戒嚴令，使台灣進入戒嚴時期。

十幾年後，黎元君從綠島監獄出獄，回到嘉義。歷經酷刑和牢獄的他未老先衰，家鄉已無親人朋友，鄰居也對他投以懷疑眼光，他努力找工作，勉強度日。

他抱著疼痛的胃睡著，依然做著惡夢。再沒有人知道，他曾經是個純真勤奮、時常爽朗笑著的大學生。

嗚…

嗚…

你胃的問題，我建議還是到大醫院檢查。

佩君、明華，你們等一下到手術房，兩點陳醫師的刀。

是，阿長。

42號，黎元君先生

……黎元君在嗎？

黑色的河水吞沒一切悲傷，
彷彿未曾存在；
皎潔的月映照著島嶼，
悲傷的歌在風中消散。

致以青春換血淚的一代

李思儀（國立台灣大學歷史系博士生）

　　榮幸成為這套結合歷史與藝術創作的漫畫問世前的首位讀者，甚至有機會從歷史的角度，來探討這本以四六事件為題材的漫畫揉合哪些歷史時代的元素與創作者發揮想像力的情節，同時推薦配合《四六事件與台灣大學》[1]一同閱讀。

　　閱讀漫畫時，勾起我兩年前在台大校史館口訪一位年過八旬老校友鄭瑞康的回憶，老先生對著我們這些處於自由民主時代的後輩說起陳誠時，餘悸猶存地描述陳誠彷彿要將台灣的大學生控制得滴水不漏的恐怖時代氣氛，我僅能從老先生接著唱起當年被禁唱的一首歌，試著想像那個風聲鶴唳、草木皆兵的氛圍。由於這首「保衛大台灣」被學生們不標準地唱成「包圍打台灣」，聽者認為這首歌在暗示國民黨的宿敵共產黨就要來「解放台灣」而禁唱，其實有點令人哭笑不得。

　　但，這位老先生是在四六事件後，1951 年進入台大就讀，他沒有經歷過一九四九年上半年可說是從學生力圖「保衛大學生」到警總「包圍大學生」的校園逮捕事件，而是在高中就讀成功中學時有所聽聞。

　　怎麼說是「保衛大學生」？

　　單車雙載事件的當事人，柯景耀（真名何景岳，臺大學生）、黎元

1　陳翠蓮、李鎧揚，《四六事件與台灣大學》，臺北：臺大圖書館出版，臺大發行，2017。

君（真名李元勳，師院學生），在 1949 年 3 月 20 日遭警察謝延長取締，雙方發生衝突，學生被送往第四分局。究竟這兩位當事人的面貌如何，在歷史資料裡付之闕如，此本漫畫從歷史情境裡虛構當事人的人生際遇，為四六事件增添一些想像的空間。一位羞於告白的大學生，卻敢於在面對不合理的事情毫不遲疑地說理，切實反映因著警察強制執行法規的態度，引發台大、師大學生聲援的行動邏輯，當晚兩百位大學生群集至第四分局要求釋放學生。

學生與警方的衝突在先，當局對學校內部自治與社團活動的緊縮、壓制在後。一九四九年四月六日凌晨，警備總部事前徵得台大校方同意，進入學生宿舍逮捕第一批名單上的十四位學生，宿舍內學生擔心遭秘密逮捕，外界無從得知今夜以後他們的行蹤，有的人試圖拿桌椅擋住門窗，或是號召全體衝出宿舍外避免拘捕，但怎能敵包圍在宿舍外，配備武器的大批軍警呢？大逮捕之後，校園裡籠罩「誰是共產黨人」的猜疑陰影，又有多少人能躲過？

直至今日，理解歷史環境，並非以時光流逝文飾曾箝制思想與自由、甚至生命的事實的藉口。期許讀者在理解過去之後反思，我們不能以公民的生命與自由換取威權政權的穩固，因為威權迫害的不是單獨的個人，而是剝奪一代人的犧牲及其後代的追求自由的想望。

國家圖書館出版品預行編目資料

四六事件 / 世界柔軟影像公司企劃、蔡坤霖編
劇、黃駿繪製. -- 初版. -- 臺北市：前衛, 2020.04
112面；17x23公分
ISBN 978-957-801-905-8（平裝）

1.臺灣史　2.學運　3.漫畫

733.2923　　　　　　　　　　　　109001588

漫談台灣—通往黎明的路上 Vol.1
46：1949白色恐怖的濫觴

企　　劃　世界柔軟影像公司
編　　劇　蔡坤霖
繪　　者　黃駿
田調考據　陳力航
責任編輯　張笠
出版策畫　林君亭
封面設計　許晉維
美術編輯　子安

出 版 者　前衛出版社
　　　　　地址：10468台北市中山區農安街153號4樓之3
　　　　　電話：02-25865708｜傳真：02-25863758
　　　　　郵撥帳號：05625551
　　　　　購書‧業務信箱：a4791@ms15.hinet.net
　　　　　投稿‧代理信箱：avanguardbook@gmail.com
　　　　　官方網站：http://www.avanguard.com.tw
出版總監　林文欽
法律顧問　陽光百合律師事務所
總 經 銷　紅螞蟻圖書有限公司
　　　　　地址：11494台北市內湖區舊宗路二段121巷19號
　　　　　電話：02-27953656｜傳真：02-27954100

出版日期　2020年4月初版一刷｜2024年1月初版二刷

定　　價　300元

* 請上「前衛出版社」臉書專頁按讚，獲得更多書籍、活動資訊
　http://www.facebook.com/AVANGUARDTaiwan